AF177099

Dose

Nase

Hose

Sofa

Auto

Hase

Dino

1

die Ente

der Bus

der Dino

die Rose

das Sofa

das Tor

○ der Hase
○ die Nase

○ die Rose
○ die Dose

○ das Gas
○ das Glas

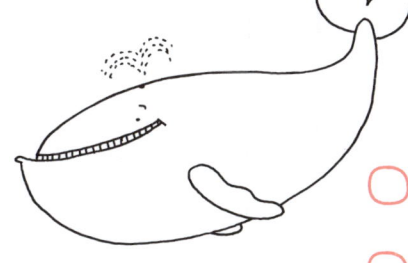

○ der Wald
○ der Wal

der Hase

der Salat

die Nadel

die Rose

die Dose

die Gabel

- ◯ der Dino
- ◯ die Dose
- ◯ die Dame

- ◯ der Mut
- ◯ der Hut
- ◯ die Pute

- ◯ die Nase
- ◯ der Hase
- ◯ die Hose

- ◯ der Esel
- ◯ die Ente
- ◯ der Eber

Herz

Besen

Tomate

Hund

Wolke

Auto

Schaf

Elefant

6

die Wolke

das Auto

die Tomate

der Elefant

das Schaf

der Fisch

○ der Wurm

○ der Turm

○ das Bett

○ das Brett

○ das Eis

○ der Reis

○ der Baum

○ der Raum

eine Banane

eine Birne

eine Melone

ein Eis

eine Gurke

ein Turm

- ⭕ die Feder
- ⭕ der Felsen
- ⭕ das Fell

- ⭕ der Wolf
- ⭕ die Wolle
- ⭕ die Wolke

- ⭕ die Birke
- ⭕ die Birne
- ⭕ die Beine

- ⭕ die Reise
- ⭕ die Reibe
- ⭕ der Reifen

Was ist auf dem Bild?

○ ein Papagei   ○ ein Zebra   ○ eine Ente

○ ein Igel   ○ ein Löwe   ○ eine Ameise

○ ein Delfin   ○ ein Bär   ○ ein Kamel

○ ein Schaf   ○ ein Elefant   ○ ein Wolf

11

○ eine Hose
○ ein Hase
○ ein Hut

○ ein Knopf
○ ein Kopf
○ ein Topf

○ eine Nadel
○ ein Nagel
○ eine Nudel

○ ein Dino
○ eine Dose
○ ein Delfin

Kann man das essen?

Saft   ◯ ja   ◯ nein

Pizza   ◯ ja   ◯ nein

Reis   ◯ ja   ◯ nein

Wasser   ◯ ja   ◯ nein

Salami   ◯ ja   ◯ nein

Nüsse   ◯ ja   ◯ nein

Milch   ◯ ja   ◯ nein

Kaffee   ◯ ja   ◯ nein

zwei Elefanten	drei Ameisen	fünf Igel
neun Mandarinen	zwei Hunde	drei Autos

Was reimt sich?

Tisch

Mund

Dose

Nase

Tuch

Turm

Was ist auf dem Bild?

der Hase

die Oma

der Hund

der Ball

der Sand

das Auto

der Baum

die Wolke

der Zaun

der Weg

das Kind

der Eimer

Wer lebt im Wald?

ein Hase   ◯ ja   ◯ nein

ein Bär   ◯ ja   ◯ nein

ein Wolf   ◯ ja   ◯ nein

eine Rakete   ◯ ja   ◯ nein

eine Wolke   ◯ ja   ◯ nein

eine Tanne   ◯ ja   ◯ nein

ein Fisch   ◯ ja   ◯ nein

eine Nadel   ◯ ja   ◯ nein

eine grüne Tasse

ein gelbes Auto

eine graue Maus

eine rote Tomate

ein roter Stift

ein lila Eimer

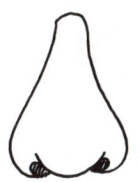 ○ eine Nase

○ ein Name

○ eine Nadel

 ○ ein Fisch

○ ein Tisch

○ eine Tasche

 ○ eine Tanne

○ eine Tasse

○ eine Kanne

 ○ ein Haus

○ eine Maus

○ eine Laus

Was reimt sich?

Traum

Haus

Wind

Wurm

Wand

Hose

Ist das richtig?

Salz ist lila.   ○ ja   ○ nein

Blumen sind schön.   ○ ja   ○ nein

Wolle ist hart.   ○ ja   ○ nein

Regen ist warm.   ○ ja   ○ nein

Tomaten sind rot.   ○ ja   ○ nein

Hunde sind schnell. ○ ja   ○ nein

Reis ist blau.   ○ ja   ○ nein

Feuer ist kalt.   ○ ja   ○ nein

21

Die Ampel ist rot.

Das Auto ist blau.

Der Hund ist braun.

Die Leine ist gelb.

Die Tür ist grün.

Die Lampe ist grau.

Das Eis ist gelb.

Was ist auf dem Bild?

eine Hose	○ ja	○ nein
ein Seil	○ ja	○ nein
ein Apfel	○ ja	○ nein
eine Schere	○ ja	○ nein
ein Ball	○ ja	○ nein
ein Käfig	○ ja	○ nein
eine Mütze	○ ja	○ nein
ein Berg	○ ja	○ nein

ein Auto mit Antenne

eine Puppe mit Hut

ein Kind mit Ball

ein Tisch mit Brot

ein See mit Insel

eine Oma mit Tasche

Was ist am Himmel?

die Sonne	⃝ ja	⃝ nein
der Mond	⃝ ja	⃝ nein
das Auto	⃝ ja	⃝ nein
der Vogel	⃝ ja	⃝ nein
die Wolke	⃝ ja	⃝ nein
das Gras	⃝ ja	⃝ nein
das Feuer	⃝ ja	⃝ nein
der Eimer	⃝ ja	⃝ nein

ein Baum und ein Haus

ein Hund und ein Kind

ein Igel und eine Maus

ein Mann und eine Frau

ein Fisch und ein Frosch

ein Bus und ein Auto

Ist das hart?

ein Hammer   ○ ja   ○ nein

ein Kissen   ○ ja   ○ nein

ein Tisch   ○ ja   ○ nein

eine Feder   ○ ja   ○ nein

ein Schal   ○ ja   ○ nein

ein Fell   ○ ja   ○ nein

eine Tür   ○ ja   ○ nein

ein Eis   ○ ja   ○ nein

Das Auto ist gelb.

Der Bus ist grün.

Der Hund ist schwarz.

Die Banane ist gelb.

Der Ball ist bunt.

Die Blumen sind blau.

Die Ampel ist grün.

Ist das richtig?

Ein Haus hat eine Tür.   ○ ja   ○ nein

Die Sonne ist am Himmel.   ○ ja   ○ nein

Salz ist rot.   ○ ja   ○ nein

Eine Ameise ist klein.   ○ ja   ○ nein

Ein Elefant hat ein Horn.   ○ ja   ○ nein

Obst ist gesund.   ○ ja   ○ nein

Der Mond ist weit weg.   ○ ja   ○ nein

Ein Hund hat Flügel.   ○ ja   ○ nein

Male die Schaukel braun.

Male den Eimer blau.

Male den Tisch braun.

Male die Kanne gelb.

Male die Tassen rot.

Male die Birnen gelb.

Male das Gras grün.

Male die Blumen rot.

Ist das richtig?

Fische haben Schuhe.   ○ ja   ○ nein

Hasen haben Hände.   ○ ja   ○ nein

Autos haben Räder.   ○ ja   ○ nein

Kinder haben Beine.   ○ ja   ○ nein

Enten haben Hörner.   ○ ja   ○ nein

Hunde haben Fell.   ○ ja   ○ nein

Tische haben Augen.   ○ ja   ○ nein

Löwen haben Bücher.   ○ ja   ○ nein

Was reimt sich?

Da ist ein Knopf.

Da ist eine Tanne.

 Da ist ein Haus.

Da ist ein Brett.

 Da ist eine Schüssel.

Da ist eine Insel.

32